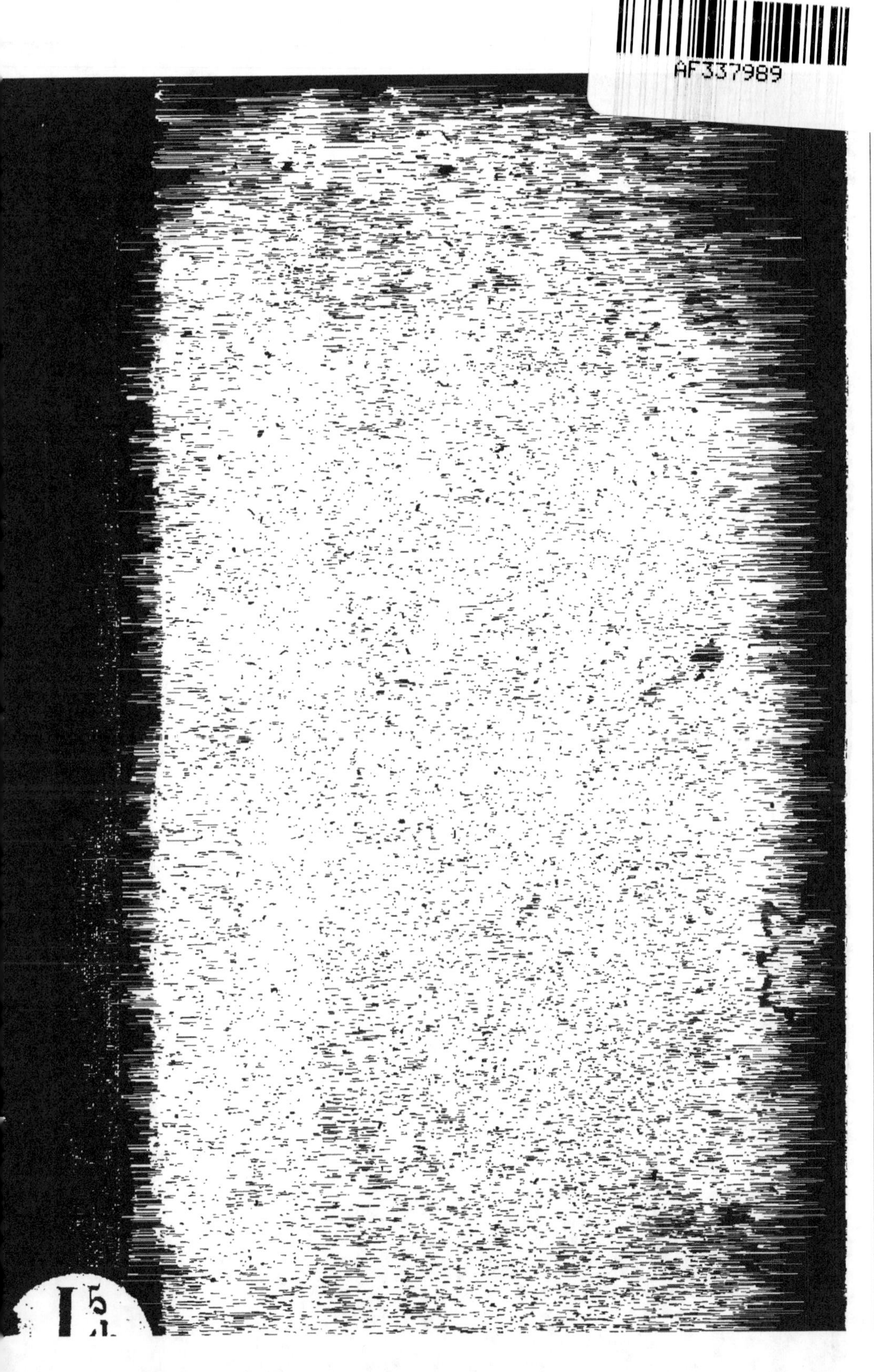

PRÉCIS

HISTORIQUE

DES DEUX SIEGES

DE LA

VILLE DE MADURÉ

DANS L'INDE.

PRÉCIS
HISTORIQUE

Des deux Sieges de la Ville de Maduré, Capitale du Royaume de ce nom, dans l'Inde, faits par les Anglois avec toutes leurs forces réunies & celles de Mahamet-Alikan, des côtes de Coromandel & d'Orixa, en 1763 & 1764.

DÉFENDUE

Par M. MARCHAND, Chevalier de l'Ordre Royal & Militaire de Saint Louis, ancien Capitaine de Cavalerie dans l'Inde.

DÉDIÉ

A S. A. S. MGR. LE PRINCE DE CONDÉ.

A PARIS,

Chez LE JAY, Libraire, rue Saint Jacques, au Grand Corneille.

___

M. DCC. LXXI.

AVEC APPROBATION, ET PRIVILEGE DU ROI.

A SON ALTESSE SÉRÉNISSIME,

MONSEIGNEUR

LE PRINCE DE CONDÉ.

Monseigneur,

Votre Altesse Sérénissime a bien voulu permettre que je lui dédiasse le Plan de la Ville du Maduré, que j'ai eu l'honneur de défendre pendant l'espace de dix-huit mois. J'ai recueilli dans un

A

petit précis *historique les principaux événements de ce siege pour accompagner ce
Plan ; & je prends la liberté de l'offrir pareillement à* VOTRE ALTESSE SÉRÉ-
NISSIME.

*Je reçois en ce jour le prix des travaux
& des peines que cette défense m'a coûté:
la récompense la plus flatteuse que j'aye
pu desirer en faisant mon devoir, est sans
doute d'avoir le bonheur de fixer un instant l'attention de* VOTRE ALTESSE
SÉRÉNISSIME, *& d'avoir une occasion
de l'assurer du plus profond respect avec
lequel je suis,*

MONSEIGNEUR,

DE VOTRE ALTESSE SÉRÉNISSIME,

Le très-humble & très-obéissant
Serviteur,
Le Chevalier MARCHAND.

PRÉCIS
HISTORIQUE

Des deux sieges de la ville du Maduré,
Capitale du Royaume de ce nom.

LE siege du Maduré a fixé les yeux de
l'Inde & de l'Europe : son succès pouvoit
être l'époque d'une nouvelle révolution dans
cette Presqu'isle, & arracher aux Anglois la
supériorité qu'ils avoient pris sur nous dans
les tems sinistres du gouvernement orageux
de M. de Lally.

Dix - huit mois d'une attaque opiniâtre
d'une part, & d'une défense vigoureuse &
constante de l'autre ; les sommes immenses,
les ouvrages considérables, le nombre de
troupes blanches & noires, & de braves Officiers que la prise de cette Place a coûté aux
Anglois, l'influence que sa conservation

pouvoit avoir dans les affaires politiques de l'Inde, ont rendu ce siege digne d'être transmis à la postérité ; la part que j'ai eu à sa défense en qualité de Commandant en chef des troupes Françoises, qui s'étoient enfermées avec moi dans cette ville, m'a mis plus que personne à portée de recueillir les faits qui ont occasionné la perte de cette Capitale, & la catastrophe du chef Maure, qui s'en étoit rendu le maître.

Le Maduré avoit été autrefois un Royaume dont les Rois étoient tributaires du Grand Mogol. Il est situé à l'extrêmité de la Presqu'ifle de l'Inde du côté de l'Est, borné au Nord par la chaîne des montagnes de Nathon, habitées par une Horde de voleurs & d'affaffins appellés *Kallaires* ; il est féparé à l'Ouest d'avec le Maïffour, au Sud d'avec le Trévancourt, par les montagnes qui regnent depuis le Cap Comorrin, jufqu'à Trichenapali ; au Sud-Eft, le Royaume du grand Marava, & celui du petit Marava à l'Est, fe trouvent entre la Mer & lui.

Le Maduré aujourd'hui n'est plus qu'une Province du Royaume du Carnatte, fous la domination de Mahamet-Alykan.

C'est ce même Mahamet-Alykan, fils

d'Anaverdikan, refte malheureux de la famille du vieux Nabab-Nizam, qui fit échouer en 1752 les vaftes projets du Marquis de Dupleix dans l'Inde, & qui, foutenu des Anglois & des Marattes, qu'il avoit appellé à fon fecours, conferva fa Nababie, dont ce Gouverneur françois vouloit le dépouiller pour la donner à Chandafaëb fon protégé.

Perfonne n'ignore les fuites funeftes qu'eut cette entreprife pour les François & Chandafaëb : le commerce ruiné, les finances diffipées, le crédit épuifé, les troupes facrifiées ; tel fut le réfultat du projet trop vafte qui avoit ébloui le Marquis Dupleix, & qui occafionna fon rappel en France. Chandafaëb, après avoir lutté quelque tems contre fa mauvaife fortune, fut pris dans l'Ifle de Cheringham * par fon compétiteur, qui, fuivant les principes fanguinaires de la politique Indienne, lui fit trancher la tête, & s'affermit par cet acte de févérité fur le trône d'Arcate, fur lequel les Marattes avoient affis fon pere, & dont nous voulions le chaffer.

Plus habile politique que grand Général,

---

* Le 18 Juin 1752.

Mahamet-Alykan dut la confervation de fa Principauté moins à la force de fon bras qu'aux reffources de fon génie; lorfque prêt à fuccomber fous le poids de nos armes, tremblant dans fa ville de Trichenapaly, il fembloit toucher à fa perte, il fçut, par des négociations prolongées, des promeffes artificieufes, retarder, empêcher fa ruine, donner à fes alliés le tems de raffembler de nouvelles forces, & venir à fon fecours. Il s'attacha inviolablement les Marattes, les fidéles alliés de fon pere, & fit fentir aux Anglois la néceffité où ils étoient de le foutenir contre les François, s'ils ne vouloient fuccomber eux-mêmes fous leurs ambitieux efforts. Il eft vrai qu'il ne tarda pas à fe repentir d'avoir appellé d'auffi dangereux amis; leur alliance dégénéra bientôt en protection onéreufe ; ils exigerent des contributions immenfes pour les frais de guerre & l'entretien des troupes de leur nation, qui font encore aujourd'hui à fa folde, & dont la paye difpendieufe abforbe une partie confidérable de fes revenus. Ce Nabab devenu l'Efclave & l'Econome de ces Infulaires, a fans doute regretté plus d'une fois de s'être livré à de tels maîtres, & d'avoir été forcé par les

circonſtances de les préférer aux François,
avec lesquels il avoit deſiré de contracter
alliance; il en avoit fait faire pluſieurs fois
des offres ſinceres au Marquis Dupleix; mais
elles furent toujours rejettées par ce Gouverneur, qui s'obſtina à vouloir ſoutenir les projets uſurpateurs de Chandaſaëb ſon concur-
rent.

Mahamet avoit donné la régie de ſa Province du Maduré à ſon frere Maſoufkan *.
Il s'en falloit de beaucoup que ce Prince eût
les qualités ſupérieures de ſon frere. La foibleſſe de ſon caractere excita pluſieurs Paléagars qui relevoient du Maduré, à en profiter pour ſe ſoulever contre leurs Souverains,
& ſe rendre indépendans.

Mahamet ne pouvant aller en perſonne
contre les rebelles, jetta les yeux ſur Canſaëb, pour remplacer Maſoufkan, & rétablir
l'ordre & la ſoumiſſion dans cette Province.

Canſaëb dut cette diſtinction aux preuves
qu'il avoit données en plus d'une occaſion
de ſon génie & de ſes talents militaires.
Simple matelot à Pondichéry, repris de juſ-
tice, (il avoit eu l'oreille coupée ** pour

---

* En 1756.

** C'eſt la façon dont on punit le vol dans l'Inde.

quelque méfait) ce génie actif & turbulent s'ennuya d'un métier obscur, & résolut de prendre parti dans les armes, où il espéra faire un chemin plus rapide.

. Il servit d'abord dans l'armée de Mahamet-Alikan en qualité de Cipaye, & ne tarda pas à signaler son courage, & se faire distinguer par son Prince & les Anglois; il fut élevé successivement à différents grades militaires, & parvint enfin jusques à obtenir le commandement d'un corps de deux mille hommes dans la même troupe où il avoit servi d'abord en qualité de simple soldat.

Ce fut dans ces circonstances que les ordres du Nabab l'envoyerent relever Masoufkan *. Le nouveau Régisseur justifia le choix qu'on avoit fait de sa personne par le prompt reméde qu'il apporta au mal. A peine eut-il pris l'administration du Maduré, que se faisant rendre compte des troubles qui l'agitoient, il résolut d'en arrêter la source par un exemple de sévérité qui effraya les autres. Alliant la prudence au courage, il calcula que plus l'exemple seroit lent, moins il feroit d'impression. Il attaqua donc le moins puis-

---

* En 1757.

(9)

fant des Paléagars révoltés , dans l'efpérance
que fa foibleffe hâteroit fa défaite & la promp-
titude du châtiment dont il vouloit intimi-
der les autres rebelles.

Le fuccès juftifia fes vues, le Paléagar fur
lequel il fondit , ne put réfifter à la rapidité
avec laquelle il fut attaqué. Il demanda à ca-
pituler , & offrit de fe foumettre. Canfaëb
l'ayant reçu à difcrétion , le fit pendre, ainfi
que cinq cents de fes Vaffaux qui l'avoient
foutenu , & qui furent exécutés en un même
jour. Cet exemple cruel de févérité effraya
les plus hardis ; ils ne fe foumirent pas tous,
mais ils fe tinrent tranquilles , & la Province
fut calmée pour un tems.

Canfaëb profita de cette premiere pacifi-
cation pour aller rejoindre * le Général Prefton qui commandoit l'armée d'obfervation,
que les Anglois avoient envoyée au fecours
de Madras. Il confia le foin de la Province,
où il venoit de rétablir l'ordre & la tranquillité, à un de fes Lieutenants qui avoit fa confiance, & celle des Anglois, & fe hâta de
venir fignaler fon courage fur un théâtre plus
brillant.

Nous affiégions Madras; le Général Pref-

---

* En Décembre 1759.

ton vint à bout d'en faire lever le fiege ; mais ce ne fut qu'après plufieurs actions très-vives & très-meurtrieres où l'avantage ne fut pas toujours de fon côté : j'eus l'honneur d'affifter à toutes, & de fignaler mon zèle pour la gloire du nom François & les intérêts de la compagnie : j'eus le bonheur de mériter les éloges des Officiers fupérieurs ; mais la fatisfaction que j'en eus , fut cruellement empoifonnée par la perte d'un frere unique qui fervoit en qualité de Lieutenant dans ma Compagnie , & qui fut tué à mes côtés.

Madras délivré , Canfaëb retourna au Maduré : il entreprit alors de foumettre Polidève grand Paléagar , le plus puiffant de ceux qui avoient fecoué le joug fous Mafoufkan. Il fut trois ans à le réduire. Son courage le fit triompher de cet ennemi. Sa défaite entraîna celle de tous les autres. Tout fut foumis & rentra dans l'obéiffance du Nabab, le légitime Souverain.

Le feul Raja de Trévancourt fembla n'être point intimidé par ces fuccès : il ofa attaquer Canfaëb dans un moment où ce Chef croyoit n'avoir plus rien à redouter de fes voifins inquiets. Bientôt il en fut preffé au point d'être allarmé lui-même , & de trembler de perdre le fruit de fa gloire & de fes travaux; mais mon arrivée à son armée, les batailles que je gagnai sur le Trévancourt, le contraignirent à demander la paix à Canfaëb, & lui rendre l'artillerie, chariots & troupes qu'il lui avoit enlevés.

Ce fut alors qu'enivré de ses succès, dévoré par la soif de regner; ce Maure ambitieux se lassant de régir, de pacifier, & de conserver pour un autre un pays qui devoit à la force de ses armes & aux ressources de son génie son bonheur & sa tranquillité, résolut de s'en déclarer le maître absolu, & de le rétablir sur l'ancien pied, en se proclamant Roi du Maduré.

Dès l'instant qu'il y étoit venu, il avoit formé ce projet, & avoit travaillé sourdement à le faire réussir, en réunissant tous les moyens pour se rendre indépendant : couvrant ses vues ambitieuses du voile de l'intérêt de la Province, & de la nécessité d'assurer son repos, en la mettant hors d'état d'être insultée par ses voisins, il avoit fait venir de tous côtés des ouvriers de toutes Nations, Charpentiers, Forgerons, Fondeurs, qui avoient travaillé sans relâche, & l'avoient approvisionnée de toutes sortes d'ustensiles & de munitions de guerre.

Les coffres de l'épargne étoient pleins, &
quoiqu'il eût presque toujours été en guerre,
que les revénus du Maduré ne montassent
qu'à vingt-six Lacks de roupies *, il étoit
parvenu par son économie à amasser des sommes assez considérables pour subvenir aux
frais d'une nouvelle guerre, & acheter des
secours & des alliés.

Toutes ces mesures étant prises, il se fit
voir enfin tel qu'il étoit, & leva tout d'un
coup l'étendard de la révolte.

L'occasion étoit favorable : ses succès lui
avoient concilié l'estime de ses voisins & de
ses nouveaux sujets, son génie inquiet &
soupçonneux, la dureté de son caractere, sa
cruelle sévérité, lui avoient aliéné à la vérité
tous les cœurs ; mais il étoit admiré & re-
douté : ces sentiments suffisent aux usurpa-
teurs. Peu jaloux de regner sur les cœurs,
ils ne cherchent qu'à asservir les esprits, & à
prévenir les rébellions, en enchaînant les
courages par la terreur qu'ils inspirent.

Cansaëb sentit cependant qu'il n'étoit
point assez fort pour résister seul à Mahamet-

* Environ six millions & demi de notre monnoie ;
la roupie vaut quarante-huit sols argent de France.

Alikan & aux Anglois, qu'il s'attendoit à voir fondre fur lui à la premiere nouvelle de fa rébellion. Il fongea à oppofer à ces derniers une nation rivale qui avoit long-tems partagé avec eux la domination dans l'Inde ; il chercha donc à attirer les François dans fon parti, en leur faifant entrevoir que c'étoit le feul moyen de fe rétablir dans cette Prefqu'ifle.

Pondichéry n'étoit plus ; nos vaftes poffeffions étoient anéanties, notre nation entraînée par une fatalité fans égale, avoit perdu dans l'efpace de trois ans le fruit de près de trente années de foins & de conquêtes. Cette fplendeur, cette gloire, ces richeffes qui avoient tant excité la jaloufie de nos voifins, s'étoient évanouies ; les Anglois profitant de nos fautes, s'étoient élevés fur nos ruines, ils avoient envahi tous nos comptoirs, & s'étoient emparés des meilleures branches de notre commerce ; ils faifoient la loi en maîtres, & force étoit de la fubir.

La plûpart de nos troupes avoient repaffé la mer : quelques débris malheureux échappés des ruines de Pondichéry, erroient dans les différents comptoirs de la côte de Coromandel , le reste gémissoit dans les prisons de Madras & de Trichenapali.

J'avois cherché à rassembler ces tristes restes en délivrant les uns , & appellant près de moi les autres. J'étois parvenu à en faire un corps de troupes réglées , à la tête desquelles j'avois offert mes services aux Hollandois , & passé un traité * avec M. le Baron de Waneck , Gouverneur de Négapatam , & son Conseil.

Mon intention, en formant cette espece de corps de réserve, étoit d'avoir toujours une troupe aguerrie & disciplinée que je pus employer utilement au service de ma patrie, au cas que quelque circonstance favorable vînt à changer la face de nos affaires.

Quinze années de services dans différents grades militaires , l'expérience de quinze campagnes que j'avois faites, & où j'avois servi comme Partisan, Officier, Ingénieur, Commandant d'Artillerie, & Capitaine de Cavalerie, le bonheur que j'avois eu de me montrer avantageusement dans toutes les occasions , seize blessures honorables dont j'étois couvert, m'avoient mérité la con-

---

* Le 1 Mars 1761.

(15)

fiance des foldats, l'eftime des Généraux &
des Princes Indiens, & m'avoient acquis une
certaine célébrité parmi nos ennemis : ce fut
à ces titres glorieux que je fus redevable de
languir près d'un mois * dans les fers des
Anglois, qui contre le droit des gens m'a-
voient fait prifonnier fur un territoire neutre,
dans le tems que je n'étois occupé qu'à me
rétablir des bleffures que j'avois reçues à l'affaire meurtriere de Bobly, & que je ne por-
tois point les armes contr'eux.

.J'avois enfin été relaché : m'occupant uni-
quement du foin de lever & de former ce
nouveau corps. J'attendois avec impatience
l'occafion de juftifier la bonne opinion que
les Anglois m'avoient dit avoir de moi, par
le mal que je me propofois de leur faire lorfque je reçus des ordres de M. de Maudave **
pour aller me joindre avec ma troupe à Canfaëb dans le Maduré.

Le nouveau Roi du Maduré s'étoit adréffé
à cet Officier revêtu du pouvoir de la Compagnie à la côte de Coromandel, pour folli-
citer l'alliance & la protection des François;

---

* En Mars 1760.
** En Décembre 1762.

il lui avoit repréfenté à cet effet que cette alliance pouvoit rétablir nos affaires dans l'Inde, qu'une fois Souverain reconnu du Maduré, il fe joindroit à nous pour reconquérir toutes les poffeffions que nous avions perdues, même en acquérir de nouvelles : il fe faifoit fort de nous faire entrer dans Trichenapaly, & de nous rendre maîtres de ce même Mahamet-Aly, qui nous a été fi funefte. Le Roi de Tanjaour devoit entrer dans cette confédération & la foutenir de toutes fes forces. Il ne demandoit pour le moment qu'un fecours de troupes blanches, à la tête defquelles je ferois, en attendant de plus grands renforts que le Commandant François lui feroit paffer inceffamment.

M. de Maudare, qui avoit fes vues particulieres, & qui avoit déja tenté plufieurs fois de relever la Nation du trifte état d'engourdiffement dans lequel elle étoit dans l'Inde, fe prêta à ces vues. Il m'écrivit donc de me rendre au plutôt avec ma troupe près de Canfaëb, & m'envoya des inftructions relatives au nouveau rôle que j'allois jouer.

Il n'étoit point facile : la moindre tâche étoit celle de me battre contre les Anglois, & les troupes de Mahamet-Aly. Il m'étoit

enjoint

enjoint en outre de fonder le nouvel allié,
d'étudier les secrettes difpofitions qu'il pouvoit avoir, de veiller fur fes démarches, de
lui foutirer de l'argent pour de nouveaux fecours qu'il falloit fimplement promettre, de
nous fervir de lui enfin pour réunir dans le
Maduré nos forces difperfées dans l'Inde, les
augmenter à fes dépens, & les employer en-
fuite felon que nos intérêts l'exigeroient, au
préjudice de tous autres intérêts quelconques.

Je fentis toute l'importance d'une pareille
commiffion, j'en prévins les difficultés ; je
fçavois que j'avois affaire à un homme fourbe,
foupçonneux, avare, & intriguant ; mon zele
pour ma patrie l'emporta, je réfolus de me
facrifier pour elle, & je partis pour le Maduré.

Je joignis l'armée de Canfaëb le 9 Janvier * ; il étoit campé près de Calacade fur
la frontiere du pays de Trévancourt, occupé
à tenir en refpect le Raja de ce pays qui l'a-
voit inquiété fur nouveaux frais ; ma préfence,
& le fecours que j'emmenois, intimida telle-
ment ce Prince, qu'il fe hâta de conclure une
paix ftable avec Canfaëb au grand contente-
ment de ce chef qui fe trouva par-là débar-

---

* En 1763.

B

rassé d'un ennemi qui lui auroit fait beaucoup de tort, en l'obligeant de diviser ses forces.

J'avois été reçu par notre nouvel allié avec les démonstrations les plus vives d'amitié & de reconnoissance : il m'avoit sur-le-champ donné le commandement de ses troupes cavalerie, artillerie, Topas & Cypaïes, & m'avoit déclaré son Lieutenant Général, & second chef dans toute l'étendue de sa domination. Il avoit annoncé en même temps aussi son alliance avec notre nation, en me permettant de faire mettre bas le Pavillon Anglois & celui de Mahamet-Alykan, & même de les brûler au milieu du camp, & d'y arborer en leur place le Pavillon François avec toute la pompe & la solemnité requise en pareil cas.

Je profitai de ces premiers moments pour tirer de Cansaëb de nouveaux secours pécuniaires ; outre les frais qu'il avoit faits pour ma troupe, j'obtins dix mille Roupies & deux cents Pagodes que je fis passer à M. de Mandave.

Mahamet-Ali, instruit de ma jonction avec Cansaëb, en conçut le plus vif regret ; il fit l'impossible pour me détacher de son parti, en me faisant faire des offres particulieres par le Raja de Trévancourt : celui-ci avoit reçu ordre de sacrifier le double & le triple de ce que me donnoit le Roi du Maduré, pour m'engager à ne point le défendre : je fus sourd à ces propositions, ma fortune en pâtit; mais je fis mon devoir, & suivis en cela les mouvements de mon cœur.

M. de Mandave auquel j'avois fait part de mes premieres opérations avec Canfaëb, me témoignoit dans ses lettres la plus grande satisfaction; il m'exhortoit à me réunir avec M. Mallet qu'il me mandoit envoyer au Maduré avec de plus grandes instructions pour travailler de concert avec lui à l'exécution d'un plan qu'il avoit formé pour la plus grande gloire, & le plus grand bien de notre nation.

M. Mallet s'aboucha avec moi à son arrivée au Maduré * : il me fit voir ses instructions, & me pressa de me servir de tout mon crédit sur l'esprit de Canfaëb pour obtenir de lui qu'il acquiesçât aux conditions qu'il avoit ordre de lui proposer de la part de M. de Mandave.

La plus difficile sans doute étoit une nouvelle somme de 40000 Roupies qu'on exigeoit pour de nouvelles levées, & pour dégager M. Hugel Officier François, & la troupe

---

* Avril 1763.

qu'il commandoit, au fervice d'Hyder-Aly-kan & l'envoyer au Maduré.

Je ne pus m'empêcher de repréfenter à M. Mallet que nous obtiendrions difficilement cette fomme. En effet, en ayant fait la demande avec lui à Canfaëb, ce chef s'emporta très-vivement contre nous, déclama contre M. de Mandave, dit que nous nous entendions pour le ruiner, & refufa net. J'obtins cependant à force de follicitations qu'il donnât à M. Mallet 25000 Roupies, avec lefquelles ce dernier fe chargea d'aller accélérer la jonction de M. Hugel, & de fa troupe à notre armée.

L'argent fut délivré, mais M. Mallet au lieu de fe rendre près de M. Hugel, s'arrêta au grand Céylum; l'Officier François & fa troupe n'arriverent pas, & le Maure ombrageux commença à me regarder de mauvais œil.

Un vaiffeau des Ifles étoit arrivé à Trinquebart. M. de Mandave m'en avoit donné avis & m'avoit enjoint de faire part à Canfaëb qu'il avoit reçu des lettres de la compagnie par lefquelles elle approuvoit qu'on traitât avec lui, promettant toutes fortes de fecours, nommément d'équipper une flotte qui paroîtroit inceſſamment, & attaqueroit Mahamet-Ali & les Anglois. M. de Mandave me recommandoit expreſſément de profiter de ces heureuſes ouvertures, pour ſolliciter la complétion des 50000 Roupies ; il me chargeoit de demander en même tems que Canſaëb fît hommage du Royaume du Maduré aux François qui en ſeroient les Souverains immédiats, & dont il ſeroit le Vice-roi, lui faiſant ſentir que c'étoit ſous cet Egide ſeul, qu'il pouvoit être à l'abri des coups que ne manqueroient point de lui porter inceſſamment Mahamet-Ali ſon légitime Souverain & les Anglois ſes alliés.

Je voulus faire quelques objections à M. de Mandave ſur cette derniere propoſition que je prévoyois être très-délicate, pour ne pas dire dangereuſe ; mais ayant reçu ordre d'aller en avant, je ſaiſis la premiere occaſion, & je mis le plus de ménagement poſſible dans l'expoſition de ces demandes.

Il me ſeroit difficile de peindre la colere & la rage du Maure, lorſqu'il les eut entendu ; il vomit mille imprécations contre moi & contre toute la nation ; il me reprocha l'inutilité des 25000 Roupies données à M. Mallet qui étoit reſté au grand Céylum au lieu de ſe rendre près de M. Hugel : il me dit qu'il sçavoit que j'étois un traître qui étoit de concert avec M. de Mandave, & que je me repentirois de l'avoir si cruellement abusé. Je mandai à M. de Mandave le mauvais effet que ses demandes avoient fait sur l'esprit de notre allié. Je le conjurai de hâter l'arrivée de M. Hugel, pour détruire les soupçons outrageants qu'il avoit conçus sur notre compte, & me laver principalement d'une accusation qu'il sçavoit être très-injuste.

Ces injures & ces soupçons ne furent que le préliminaire d'un plus violent orage ; à quelques jours de-là, étant campé à Valle-Pati *, Cansaëb me fit dire de passer à sa tente qui étoit à l'autre extrémité du camp. Je m'y rendois seul & à pied, lorsque je fus investi par une cinquantaine de Maures qui me tomberent sur le corps, me désarmerent, & me conduisirent prisonnier au fort de Tirombourg où je fus enfermé ; ma tente fut pillée, mes effets, mes papiers furent saisis, & je restai dans un abandon total, dénué des secours les plus nécessaires à la vie.

Pendant que je faisois des réflexions dans ma prison sur les circonstances fatales qui

---

* A trois lieues de la Ville.

m'avoient fait mettre aux fers par celui même que je venois secourir ; Mahamet-Ali mar-
choit en personne contre l'usurpateur. Son
armée, grossie par les Kallaires qui s'étoient
joints à lui, étoit entrée dans le Maduré avec
celle des Anglois commandée par le colonel
Mouson, le même qui enleva toutes nos li-
mites à Pondicheri, & força nos troupes dis-
persées de se renfermer dans la ville.

Cansaëb résista pendant près de deux mois,
disputant le terrein pied-à-pied ; mais craignant de succomber sous un ennemi supérieur
en forces, il s'étoit enfermé dans sa ville du
Maduré.

L'armée des Anglois renforcée par une partie de celle de Mahamet-Ali qui étoit retourné
à Trichenapali, s'étoit présentée devant la
ville pour en former le siege, & avoit ouvert
la tranchée la nuit du 15 au 16 Sept. 1763.

Le danger dans lequel se trouvoit Cansaëb,
l'avoit éclairé sur le besoin qu'il pouvoit avoir
de ma personne. Le commandement de ma
troupe avoit été donné lors de ma disgrace,
à un nommé Riquet qui, faute de mérite réel,
étoit parvenu à ce poste dont il étoit indigne
par les flatteries les plus basses & les déla-
tions les plus infâmes ; mais cet homme étoit

lâche & traître comme tous ceux de son espece : il se comporta mal dans deux occasions
& finit par déserter, & se vendre aux Anglois
avec 46 Hussards à cheval qu'il avoit débau-
chés.

Cansaëb, pressé par les reproches de tous
les François & de M. de Mandave lui-même,
avoit déjà donné des ordres pour mon élar-
gissement ; mais lorsqu'il se vit obligé de sou-
tenir un siege, il songea à me rendre toute
sa confiance, & à se servir de moi. Il m'é-
crivit donc pour me prier d'oublier le passé,
& me manda que pour me donner une preuve
de son estime & de la sincérité de son retour,
il me chargeoit du commandement du fort
de Paléancoté place considérable & impor-
tante pour lui, parce qu'elle étoit l'entrepôt
de ses trésors, de ses vivres, & de ses munitions de guerre.

Peu de jours après, il m'écrivit une seconde lettre par laquelle il me mandoit de
me mettre à la tête de l'armée d'observation
campée entre Maduré & Tenevelli, de tirer
de Paléancoté un convoi considérable de
toutes sortes de munitions & de le lui amener au plûtôt sous cette escorte au Maduré,
où il sentoit qu'il avoit besoin de ma tête &
de mon bras.

L'homme qui m'avoit perſécuté étoit preſſé par un ennemi qui étoit le nôtre. Son ſalut pouvoit être celui de ma nation : il étoit revenu à moi & avoit reconnu ſon injuſtice ; j'oubliai l'injure qu'il m'avoit faite ; & ſacrifiant tout reſſentiment particulier, je me hâtai de lui conduire le convoi qu'il attendoit avec impatience, & j'entrai dans la ville aſſiégée la nuit du 4 au 5 Octobre 1763.

Notre entrevue ſe paſſa avec beaucoup de cordialité de part & d'autre : les griefs furent anéantis dans nos embraſſemens, & nous ne nous occupâmes plus que du ſalut commun ; il me renouvella tous mes pouvoirs, me remit dans mes anciennes places, & me déclara pour la ſeconde fois le ſecond chef & commandant de la place & de l'armée.

Dès le lendemain de mon arrivée, j'allai viſiter tous les poſtes pour prendre les meſures convenables aux circonſtances : je fis dreſſer pluſieurs Batteries pour oppoſer à celle des aſſiégeants qui avoient commencé à jouer dès le 24 du mois précédent, & dont le feu ſoutenu nous incommodoit fort.

La nuit du 6 au 7, je tentai une ſortie dans laquelle je tuai beaucoup de monde aux Anglois. Le Colonel Mouſon, voyant par la réſiſtance qu'on lui faiſoit que la réduction de cette place ſeroit difficile , tenta les voies de négociation : il écrivit à Canſaëb les 4 & 5 Novembre pour lui repréſenter quelle ſeroit pour lui l'iſſue funeſte de ce ſiege, s'il venoit à ſuccomber & à perdre ſa capitale, comme cela ne pouvoit manquer d'arriver; il lui offrit la médiation de la Compagnie Angloiſe pour faire ſa paix avec Mahamet-Alikan, avec promeſſe de l'employer d'une façon convenable à ſes talents, ſans qu'il fût jamais queſtion du paſſé.

Canſaëb ne me cacha point les offres du Commandant Anglois. Je lui repréſentai à mon tour combien il étoit dangereux pour lui, de ſe livrer à ces ouvertures; je lui rappellai les juſtes ſujets de haine que Mahamet-Alikan devoit avoir contre lui, les principes de la politique Indienne totalement oppoſés à la clémence; & combien il ſeroit imprudent de ſe livrer à un Souverain outragé & vindicatif qui devoit à ſa gloire & à ſa tranquillité, un exemple dans ſa perſonne.

Canſaëb ſentit la force de ces raiſons; il répondit au Colonel Mouſon, que, dans l'état où étoient les choſes, il ne lui reſtoit plus qu'à triompher, ou à s'enſevelir ſous les ruines de fa ville. La négociation fut rompue, & on recommença les actes d'hoftilités de part & d'autre.

Les travaux des Anglois étoient pouffés avec une activité incroyable. Ils étoient parvenus le 14 Octobre fur la crête de nos glacis, & avoient percé la contrefcarpe. Le foffé feul les féparoit d'une brêche large de 150 toifes. Je redoublai de zele & de vigilance : la contenance ferme que nous fîmes les intimida fans doute; ils n'oferent tenter un affaut, peu-à-peu leur feu fe rallentit; & la nuit du 6 au 7 Novembre, ils leverent le fiege, & fe retirerent pour éviter les pluies qui font très-abondantes dans cette faifon.

On conçoit facilement quelle fut la joie de Canfaëb de fe voir délivré d'un ennemi dangereux : il vint lui-même me féliciter chez moi, & me remercier d'un événement dont il m'attribuoit toute la gloire; il me donna par écrit une promeffe de 50000 Roupies, & fit diftribuer de l'argent à ma troupe.

Cependant je fentis qu'il falloit profiter du relâche que nous donnoient nos ennemis pour nous préparer à de nouveaux combats; je fis réparer les fortifications endommagées, & conftruire plufieurs redoutes à quelque diftance de la place; je ne me diffimulois point que les Anglois reviendroient à la charge; & je ne m'occupai que des moyens de faire échouer une feconde fois leur entreprife.

Ce fut dans ce tems que Canfaëb rechercha l'alliance d'Hider-Alikan auquel il envoya un Waquil *; la conformité de leurs avantures lui parut un titre pour fe réunir. Hider comme lui s'étoit révolté contre fon légitime Souverain (le Roi du Maïffour), & s'étoit emparé de fon Royaume; il avoit fait la guerre aux Anglois : leur caufe leur parut commune; mais Hider, foit qu'il ne prît pas confiance aux offres du Roi du Maduré, foit qu'il prévît fa chûte prochaine, refufa de fe mêler dans fa querelle, & de s'unir avec lui.

Si l'on compare ces deux rebelles, l'avantage refté à l'ufurpateur du Maïffour. Hider a montré dans fa conduite plus de reffources dans le génie, plus d'activité dans le courage, plus de fermeté dans les difgraces que Canfaëb; ce dernier avoit plus les qualités d'un Tyran, & le premier approchoit plus de celles d'un Roi. Libéral envers fes trou-

---

* Ambaffadeur.

pes, il avoit fçu fe les attacher par l'exac-
titude avec laquelle il les payoit; fidele à fa
parole, il fe montra plus jaloux d'y faire honneur que le conquérant du Maduré, qui la
facrifioit prefque toujours aux petits intérêts
préfens. Ses conquêtes avoient été plus rapi-
des, & montroient une plus grande étendue
de vues : Canfaëb paroiffoit s'être borné à
regner fur la petite province qu'il avoit en-
vahie. Hider dans fes vaftes projets, en s'em-
parant de celle du Maïffour, fembloit n'avoir
que préludé, & affectoit la Monarchie uni-
verfelle de l'Inde. Il fut enfin plus heureux;
& fi felon la mefure humaine, l'événement
juftifie de la prudence de l'entreprife, celui
qui détrôna le Roi du Maïffour, qui le tient
encore captif dans fes fers, qui a donné fa
fille en mariage à Rajafaëb, le fils de Chandafaëb, ce malheureux protégé de notre nation,
qui depuis près de vingt-cinq ans eft le fléau
des Anglois dans l'Inde, annonçoit un projet mieux concerté, un plan plus hardi &
mieux foutenu que le Cipayé de Mahamet-
Ali qui ne regna au plus que trois ans, & fuc-
comba tout de fuite fous les efforts du maître qui vint le punir de fa révolte.

Il eût été à défirer que notre nation eût pu fecourir efficacement Hider-Ali, fe lier étroitement à lui, & le feconder dans fes entreprifes ; elle en eût peut-être retiré le plus grand avantage : j'ai toujours regretté les circonftances fâcheufes qui m'empêcherent en 1762 de me rendre aux invitations que me fit ce brave chef de fervir dans fon armée en qualité de fecond, & de commander toute fa cavalerie *. Les marques flatteufes d'eftime & de bienveillance qu'il avoit bien voulu me donner, la réputation que fes fuccès lui avoient acquis dans l'Inde, m'avoient fait defirer de combattre fous fes ordres ; & ce n'a été qu'avec le plus grand chagrin que je me vis forcé de renoncer à une réunion, qui eût été à coup fûr pour moi, une fource de gloire & de fortune.

A peine avions-nous remédié aux dégâts qu'avoit occafionné le dernier fiege, qu'il fallut fonger à en foutenir un nouveau.

Ce que j'avois prévu ne manqua pas d'ar-

---

* En Avril 1762, il me fit les offres de m'avancer 50000 Roupies pour raffembler auprès de moi dans fon armée tous les François difperfés dans l'Inde, dont il vouloit former un corps pour exécuter le deffein que je lui avois infpiré d'aller affieger Trichenapaly.

river : les Anglois piqués d'avoir échoué dans leur premiere tentative, vinrent pour prendre leur revanche *, dès que les pluies furent ceffées, ils camperent le 29 Décembre à deux petites lieues de la ville du côté de l'Eft ; & le 23 Janvier**, s'étant portés vers le Nord, ils recommencerent leurs travaux.

Le Colonel Campbell, officier de diftinction, commandoit l'armée Angloife forte de 3000 Européens, & de 40000 noirs Paléagars & Cipayes ; il avoit pour fecond le Major Prefton, homme d'un mérite reconnu, dont les talens pour le génie, l'activité, la prudence & le courage lui avoient acquis la plus haute réputation dans l'Inde.

Nous n'étions en tout que 5200 hommes, y compris ma troupe qui étoit de 200 Européens pour nous défendre ; mais nous avions pour nous des fuccès récents qui enfloient notre courage ; il s'agiffoit de vaincre ou de mourir, & cette extrémité ajoutoit à nos forces.

Nous attendions chaque jour M. Hugel avec fon détachement qui venoit de quitter

---

* Au mois de Décembre 1763.

* * En 1764,

l'armée d'Hider-Alikan pour se rendre à Goa
& de-là à Maduré. Je ne sçais par quelle fatalité cet Officier manqua à ses engagements
& à ses promesses, après avoir reçu de Cansaëb cinquante mille livres pour venir nous
secourir & nous aider à expulser les Anglois
du Maduré, ou du moins les faire échouer
une seconde fois dans leur entreprise, qui auroit attiré par notre exemple tous les Princes
Indiens contre eux, comme Hider-Alikan,
le Roi de Tanjaour & le Soubas du Delkan.

Dès les premiers jours du siege, le Colonel Campbell m'avoit fait demander une entrevue; & comme il ne sçavoit point s'expli-
quer en François, il m'avoit fait prier d'a-
gréer qu'un de ses Officiers, nommé le Capitaine Bonjour, nous servît d'interprête.

Je me rendis en conséquence de son invi-
tation hors des murs de la ville pour confé-
rer avec lui le 25 Février 1764. Après les
premieres politesses le Capitaine Bonjour me
notifia au nom du Colonel la ratification de
la paix passée en Europe entre la France &
l'Angleterre, & me somma de quitter sur-le-
champ avec ma troupe le Maduré, & de ne
plus porter les armes contre les Anglois sous
peine

peine d'être puni comme un homme qui violoit les traités paffés entre nos Souverains.

Je répondis à cette fommation qu'ayant été envoyé par des ordres fupérieurs au Maduré, la révocation feule de ces ordres pouvoit m'autorifer à quitter le parti de Canfaëb; que mon devoir étoit d'obéir fans examiner fi j'avois droit ou non de porter les armes contre les Anglois; & que fans être intimidé par les menaces de M. le Capitaine Bonjour, je remplirois fcrupuleufement ce que l'honneur & la fubordination exigeoient de moi.

Le Capitaine Bonjour fe radouciffant à cette réponfe, ne me parla plus comme au Commandant de la troupe Françoife: il chercha à me tenter & à m'éblouir comme fimple particulier; ce n'étoit plus le Chef de 200 François qu'il cherchoit à détacher avec fa troupe du parti de Canfaëb, c'étoit le feul particulier dont il lui faifoit l'honneur de redouter les lumieres, le zele & le courage : »pourquoi, me dit-il au nom du Colonel, vous attacher à un parti défefpéré? Canfaëb ne peut manquer de fuccomber : à quel propos facrifier votre vie & votre gloire? qu'attendez-vous de ce rebelle? quand même vous parviendriez à le maintenir contre nos efforts, ne vous fouvient-il plus du traitement du perfide, il le deviendra d'autant plus qu'il vous devra davantage, & ne vous payera jamais qu'en monnoie de traître. Confidérez d'un autre côté ce qui vous eft offert; des récompenfes immenfes, certaines, votre honneur à couvert par la paix conclue entre nos deux nations, & votre fortune affurée ».

Je répliquai à cette harangue, que lorfqu'il s'agiffoit de faire mon devoir, je ne calculois ni les périls ni les récompenfes, que les premiers étoient égaux entre nous; & que fi le fort me favorifoit, j'efpérois bien les éviter & faire triompher Canfaëb, aux rifques d'en faire un ingrat. Je me retirai après cette réponfe, & rendis compte en rentrant dans la ville à Canfaëb de la fignification qui m'avoit été faite, fans lui faire part des propofitions qu'on y avoit joint.

Les redoutes que j'avois fait conftruire occuperent pendant plus de cinq mois les ennemis. Il leur fallut les attaquer l'une après l'autre, & chacune leur coûta des travaux, des dépenfes & des hommes. Il ne fe paffoit prefque point de jours qu'il n'y eût quelqu'efcarmouche entre nous : tantôt j'attaquois les redoutes que les ennemis élevoient pour oppo-

(35)

fer aux nôtres, tantôt je détruifois leurs batteries; & le mois de Mai arriva fans qu'ils
fuffent encore parvenus à attaquer le corps
de la place.

Les Anglois de leur côté ne fe rebutoient
point. Notre réfiftance fembloit enflammer
leur courage. Les fuccès étoient fouvent ba-
lancés dans les rencontres ; ils ouvrirent
enfin la tranchée devant la place à la fin de
Mai *, dans la partie du Nord & de l'Oueft.

La fape fut pouffée avec une rapidité incroyable : leur artillerie compofée de qua-
rante groffes bouches à feu, bien fupérieure
à la nôtre, ayant joué fans relâche depuis le
premier jour de la tranchée jufqu'au 25 Juin,
la brèche fe trouva praticable.

Le danger étoit imminent : je crus recon-
noître aux mouvements qui fe faifoient dans
le camp ennemi, qu'il fe préparoit à nous attaquer; & ayant paffé la nuit à tout difpofer
pour une vigoureufe défenfe, j'exhortai en
peu de mots ma troupe à faire fon devoir,
& promis de lui donner l'exemple.

Quatre coups de canons furent le fignal
de l'attaque. L'ennemi fortit le 26 Juin à qua-

---

* En 1764.

tre heures & demie du matin de la sappe, passa le fossé & monta à l'assaut avec une ardeur sans égale *.

Nous soutinmes ce choc avec courage ; les actes de valeur furent multipliés de part & d'autre : la brêche qui étoit en forme de glacis, devint un champ de bataille où l'on se battit corps à corps. Enfin après deux heures & demie du combat le plus opiniâtre , les ennemis furent obligés de se retirer avec perte de 800 Européens , & plus de 2000 Cipayes tant tués que blessés.

Le Major Preston que j'avois rencontré par-tout dans cette attaque, y fut blessé à mort & mourut quinze jours après généralement regretté de sa nation.

M. Campbell ayant demandé une suspension d'armes pour relever les morts & les blessés , vint lui-même près de la brêche me complimenter : il ne put s'empêcher de témoigner

* J'avois fait mettre sur les remparts au haut des brêches des tas de pierres, des Grenades à main , des Grenades royales & des Bombes de 8 pouces que je fis jetter & rouler au milieu de l'ennemi. Cette précaution jointe au feu de la Mousqueterie & de l'Artillerie, qui fut vivement servi , décida la victoire en notre faveur.

fa furprife en la voyant, de ce que fes troupes avoient été repouffées, & donna beaucoup d'éloges à la défenfe que nous venions de faire.

Canfaëb au comble de la fatisfaction, me la témoigna par toutes fortes de careffes. Ses coffres épuifés, ne lui permettant pas de me donner une gratification proportionnée au fervice que je venois de lui rendre, il me fit un écrit d'une fomme confidérable payable dès que fes affaires le lui permettroient : il me conjura de terminer ce que j'avois commencé fous de fi heureux aufpices, & me dit qu'il n'oublieroit jamais qu'il me devoit la vie & fa couronne.

Cependant ces fuccès préparoient notre ruine en nous comblant de gloire : j'avois perdu beaucoup de monde dans ce dernier affaut. Riquet en défertant le 26 Février, avoit emmené 46 Huffards, ce qui nous avoit confidérablement affoibli ; & les renforts que nous attendions n'arriverent point.

Les 46 Huffards empêcherent trois cents François déferteurs à l'armée Angloife de venir me joindre. Je m'étois ménagé ce fecours par la correfpondance fecrette que j'avois dans l'armée ennemie. Cet incident ne fut pas une des moindres caufes de la perte du Maduré.

Le Commandant Anglois, loin d'être rebuté par l'échec que fes troupes venoient de recevoir, preffa plus vivement les travaux du fiege. La ligne de contrevallation fut achévée, & nous coupa toute communication au dehors.

Les vivres manquerent, il fallut avoir recours aux triftes expédients qu'a imaginé la faim preffante & fe nourrir de chevaux, d'ânes & de chats tués.

La maladie fe mit parmi les troupes : le découragement s'empara d'elles; la plûpart moururent ou déferterent; le refte rebuté refufoit fervice.

Pour comble de difgraces, Canfaëb aigri par les obftacles, loin de ranimer le courage des foldats, acheva de les abbatre par une dureté mal placée. Son caractère infléxible & féroce ne fçut point fe plier aux circonftances dans lefquelles il fe trouvoit. . . . Il prétendoit regner toujours avec un fceptre de fer, fans fonger que le malheur dans lequel il fe trouvoit, le befoin qu'il avoit d'un chacun, diffipoit le preftige & relâchoit l'obéiffance; il acheva de s'aliéner tous les cœurs; l'efprit de fédition s'empara d'un chacun, ou vint à defirer d'être délivré de fa perfonne.

Lui-même tremblant, incertain, perdit bientôt toute fermeté. Ce rebelle audacieux qui avoit défié fon Souverain & la nation Angloife, n'offroit plus qu'une ame pufillanime, qu'un efclave effrayé à la vue des châtiments qu'il fentoit avoir mérité, & dont il n'ofoit s'affranchir par une réfolution héroïque & défefpérée.

Il crut qu'il étoit tems de céder à l'orage; & n'ayant pas le courage d'affronter la foudre, il voulut tenter de la conjurer... Il me fit appeller; & m'ayant communiqué toutes fes allarmes, il me pria de dreffer une capitulation, & de l'aller porter au Colonel Campbell.

Il offroit par cette capitulation de rendre le Maduré, ne demandant pour lui & fa famille qu'une efcorte de deux mille hommes, avec lefquels il vouloit fe rendre près de Niram-Ali, Souba du Dékan, qui lui avoit offert un afyle.

J'effayai en vain de le ramener à d'autres fentiments, en lui repréfentant que cette dé-

marche dangereuse alloit découvrir notre foiblesse à l'ennemi, déja trop instruit de notre triste état : il fut sourd à mes remontrances...
» N'attendez rien, lui dis-je, de la clémence de vos vainqueurs : votre salut dépend de vous seul ; il faut périr les armes à la main, en se frayant un passage à travers du camp ennemi, ou s'ensevelir sous les ruines de votre Capitale. .: « Mais ces conseils que dictoit le courage ne furent point écoutés : il me réitéra ses instances pour la capitulation, & j'écrivis au Commandant Anglois pour lui demander une entrevue.

Je lui proposai la remise de la ville du Maduré, & du fort de Paléancoté aux conditions dont j'étois convenu avec Cansaëb ; mais ce Colonel me répondit qu'il n'étoit pas le maître de conclure cette négociation par lui-même, qu'il alloit écrire au Conseil de Madras pour lui faire part de mes propositions & attendre sa réponse.

Alors je désespérai qu'elles fussent acceptées : rentré dans la ville, je rendis compte à Cansaëb du peu de succès de ma négociation, & lui dis qu'il ne falloit plus prendre conseil que de notre courage & de notre désespoir.

(41)

En effet Mahamet-Ali qui s'étoit rendu depuis quelque temps au camp, ayant écrit au Conseil de Madras pour lui repréfenter la néceffité de faire un exemple en la perfonne de Canfaëb, & de ne point traiter avec ce rebelle, le Confeil répondit à M. le Colonel Campbell qu'il ne prétendoit entendre à aucun autre accommodement, que celui de recevoir Canfaëb & la ville à difcrétion. Le Commandant me fit part de cette réponfe en me mandant qu'il étoit inutile que je lui écriviffe à moins que ce ne fût pour l'avertir d'aller prendre poffeffion de la place à difcrétion.

Cette nouvelle attérante ôta à Canfaëb le peu d'énergie qui lui reftoit : anéanti fous lé poids de fa difgrace, il tomba dans une efpece de léthargie ftupide, dont il ne fortoit que pour fe livrer à des accès de fureur inconcevables. Incapable de prendre aucune réfolution, il fembloit attendre les événements ; non qu'il eût affez de fermeté pour fentir qu'il falloit céder à la néceffité, & fubir fon fort courageufement, mais parce qu'il étoit trop accablé pour s'y oppofer. Je lui propofai en vain plufieurs expédiens périlleux, mais honorables pour fe tirer d'un fi mauvais pas. Il n'eut la force d'en adopter aucun, s'en prenant à tout le monde de la triste extrémité où il étoit réduit. Il exhaloit sa rage contre ses propres sujets, au lieu de la tourner contre ses ennemis. Cette conduite acheva de le rendre odieux & méprisable, on conspira contre lui.

Deux chefs Maures, nommés Cinoacerao & Babasaëb, furent les principaux auteurs de la conspiration. Ce dernier avoit des griefs particuliers contre Cansaëb, dont il avoit essuyé plusieurs mauvais traitements, il brûloit de s'en vanger : à ces motifs de haine, se joignirent les réflexions que firent l'un & l'autre sur l'état présent des choses, & sur le parti qui leur restoit à prendre; ils considérerent qu'il pouvoit être très-dangereux pour eux d'être pris les armes à la main en défendant ce rebelle, que ce seroit un moyen de faire leur paix avec Mahamet-Ali, que de lui livrer Cansaëb; & ils résolurent de le sacrifier à leur sûreté & à leur vengeance.

La chose fut conduite avec beaucoup de secret : les assemblées se tinrent dans des masures attenantes le Dorbard *. Le 13 Octobre

---

* C'est le lieu où se tient le Conseil.

à dix heures du matin, fut indiqué par les conjurés pour exécuter leur projet.

Je m'étois apperçu de différents mouvements qui m'avoient allarmé : j'avois oui des propos féditieux qui ne m'avoient que trop fait voir les difpofitions fecrettes des troupes : j'avois tenté inutilement de pacifier & d'adoucir les efprits. . . . Je me rendis près de Canfaëb , pour lui communiquer mes foupçons & mes allarmes ; je lui repréfentai dans les termes les plus pathétiques la néceffité de prendre un parti ; & je l'exhortai à profiter des moments précieux qui nous reftoient.

Ces avis fideles, loin d'avoir leur effet, le firent entrer en fureur ; il fixa fur moi un œil hagard , & me dit tout hors de lui que je ne fçavois que préfager des malheurs , & que j'eus à dormir , boire & manger en repos , fans m'inquiéter de rien & que je le laiffaffe lui-même.

Cette réponfe me pénétra de douleur. Je fus tenté un inftant d'abandonner ce féroce obftiné à fon malheureux fort ; mais triomphant bientôt du premier mouvement de colere, je réfolus de continuer à faire mon

devoir, & de le fauver s'il étoit poffible mal-
gré lui.

J'ordonnai à cet effet à ma troupe de fe
tenir fous les armes; & je réfolus d'éclairer
les démarches des Maures qui m'étoient fuf-
pectes.

Je paffai la nuit du 12 au 13 dans des agi-
tations cruelles, qui étoient fans doute des
preffentiments de l'événement funefte dont
nous étions menacés.

Dès le matin j'envoyai un de mes fo'dats
intelligent & affidé à la découverte ; il vint me
dire qu'il avoit vu beaucoup de Maures fous
les armes, & beaucoup de mouvements du
côté du Dorbard.

J'envoyai fçavoir fi Canfaëb s'y étoit rendu,
j'appris qu'il étoit encore enfermé dans le fé-
rail : je donnai ordre qu'on m'inftruisît dès
qu'il feroit vifible.

Les conjurés n'ayant pu exécuter leur projet le matin, par la raifon que Canfaëb étoit
refté dans le Sérail, lieu facré pour les Mu-
fulmans, remirent à l'après-diner fon exécution.

Dès que je fus inftruit que Canfaëb étoit
entré au Dorbard, je m'acheminai à la tête

des miens pour me rendre près de lui, afin d'être en état de le défendre au cas qu'il fut attaqué.

Je n'apperçus rien, chemin faifant, qui pût augmenter vifiblement mes inquiétudes. Les Maures voyant la foibleſſe de ma troupe qui n'étoit compofée que de trente-cinq hommes tant foldats qu'Officiers, me laiſſ rent paſſer fans rien dire, fe promettant fans doute de nous accabler par le nombre; & penfant que ce foible fecours n'empêcheroit en rien le coup qu'ils méditoient, j'arrivai au Dorbard; & laiſſant ma troupe à la porte, j'entrai pour parler à Canfaëb, & lui faire part de nouveau de tout ce qui m'avoit frappé.

A peine l'avois-je falué, que j'entendis un grand bruit au dehors : l'enceinte du Dorbard fut inveftie de tous côtés, & une troupe innombrable de Cipayes & de Kallaires fondirent fur nous le fabre à la main. Nous eſſayames de réfifter ; mais accablés par le nombre Canfaëb & moi fûmes enveloppés dans un inftant, & faits prifonniers. On me mena auffitôt hors du Dorbard, avec menaces de me fendre la tête fi je faifois la moindre réfiftance. Ma troupe qui avoit été aſſaillie, & qui avoit pareillement fuccombé fous le nombre , avoit été défarmée ; on la renvoya ainfi que moi au quartier , & nous fûmes gardés à vue.

Les chefs des conjurés donnant les ordres les plus prompts firent amener auffitôt deux piéces de campagne, dont une fut braquée fur la porte du Sérail, & l'autre fur celle du Dorbard : ils s'emparerent en même temps de la poudriere principale de la falle d'armes, fe firent remettre les clefs des portes de la place ; & ayant diftribué des gardes à chaque pofte, fur la place du Bazard; & dans tous les quartiers de la ville, ils firent la ronde, & s'occuperent du fervice de la place affiégée, comme fi tout eût été dans la plus grande tranquillité.

Sur les neuf heures du foir, les conjurés envoyérent un Faquir & deux de leurs cama‑ rades au camp, faire part à Mahamet-Ali qu'ils étoient prêts le lendemain à lui livrer Can‑ faëb & la ville, s'il vouloit envoyer quelqu'un chargé de fa procuration pour traiter avec eux. Je profitai de la circonftance & je deman‑ dai aux Maures qu'il me fût libre d'envoyer un Officier de ma troupe chargé de porter une capitulation pour moi & les miens. Ma

demande me fut accordée, & j'expédiai M.
de Parigny avec une lettre à M. de Campbell qui contenoit quatre articles dont je lui
demandai la signature.

Le lendemain, sur les dix heures, M. Ma-
her Capitaine Anglois, suivi d'un autre Officier, vint pour traiter avec les Maures. Je
m'abouchai avec lui, & le priai de vouloir
bien se méler de ma négociation avec le Commandant Anglois pour moi & ma troupe : il
me promit ses bons offices, & m'accabla de
politesses & d'honnêtetés.

Cependant soit que les Maures, pour con-
sommer leur trahison, eussent promis de me
livrer avec le peu de François que j'avois con-
servé, soit qu'ils fussent eux-mêmes surpris
par un ennemi plus alerte & plus rusé qu'eux,
les Anglois profiterent du moment où leurs
envoyés entrerent dans la ville pour intro-
duire quelques Compagnies de leurs troupes,
qui se répandirent aussitôt dans la ville, occuperent les principaux quartiers & firent ma
troupe prisonniere de guerre. Je fus moi-mê-
me gardé par une escorte de 30 Cipayes :
je profitai du peu de liberté qu'ils me laisserent
pour me rendre au camp; & remettant mon
sabre à Mahamet-Ali, je me constituai son

prifonnier. Ce Prince me reçut avec beaucoup
de diftinctions, & fe plaignit du mal que lui
avoit fait ce même fabre que je lui remettois.
Je crus devoir profiter de ce premier moment
pour dire un mot en faveur de fon prifonnier ;
mais il feignit de ne pas m'entendre & m'apprit par fon filence tout ce que j'avois à crain-
dre pour lui.

Il avoit été conduit au camp dès le matin
du 14 fous une forte efcorte commandée par le
Colonel Campbell lui-même ; il fut gardé à vue
dans une tente, & traité d'abord avec beaucoup de douceur. Il étoit encore entre les
mains des Anglois. Le confeil de Madras qui
eftimoit fon courage, & qui étoit bien aife
de conferver en lui un rival dont il pût fe
fervir pour l'oppofer à Mahamet-Ali, au cas
qu'il effayât de fecouer le joug qu'il leur avoit
impofé, avoit ordonné qu'on eût des égards
pour lui s'il fe rendoit à difcrétion.

Mahamet qui fentoit que tout le fruit de
cette conquête étoit perdu pour lui fi ce rebelle échappoit à fa vengeance, réfolut de
tout facrifier pour immoler à fa tranquillité
un compétiteur redoutable qui lui avoit caufé
tant d'allarmes. Il s'adreffa à M. Campbell ;
& lui repréfentant que Canfaëb s'étoit rendu

indigne

indigne de la clémence que lui avoit promis le Conseil de Madras, en refusant de se rendre à discrétion : il le pressa de lui livrer ce coupable, pour en faire un châtiment exemplaire. Il appuya cette demande de deux Lack de Roupies *, qui acheva de décider le Colonel. L'infortuné Maure fut remis entre les mains de son Souverain : le vindicatif Nabab, craignant qu'il ne vint quelqu'ordre mitigé de Madras en faveur de son prisonnier, se hâta de le faire pendre à un arbre entre la place & le camp; & ayant fait couper son cadavre en 4 parties, fit exposer ses membres épars sur les principales routes du Maduré, & envoya sa tête à Trichenapaly.

Cansaëb dont le courage s'étoit éclipsé dans les derniers jours du siege, termina sa vie avec la même foiblesse Le Conseil de Madras apprit avec indignation qu'on en eût disposé sans son avis : il en témoigna son mécontentement à M. Campbell & à Mahamet-Ali. Ce dernier répandit beaucoup d'argent pour l'appaiser, & ne crut point faire un mauvais marché pour son repos, en payant si cher le supplice de ce révolté.

---

* Environ un demi million de notre monnoye.

D

Telle fut la triste fin de cette guerre & du chef audacieux qui l'avoit excitée : heureux s'il avoit pu joindre aux talents militaires dont il étoit doué plus d'égalité & de douceur dans le caractère, & une ame plus ferme dans l'adversité ; la férocité de ses mœurs, & son opiniâtreté invincible, précipiterent la perte du Maduré, & furent cause de la catastrophe qui termina ses jours.

Peu de jours après cette tragique scène, je fus envoyé sous escorte à Trichenapaly.... Je languis long-tems dans les fers des Anglois dans cette ville, à Madras & à S. Thomé, où j'avois été transporté : ils ne parloient pas moins que de m'envoyer à Londres pour y faire faire mon procès, & me rendre responsable des événements d'une guerre qui leur avoit coûté des sommes immenses. Les Anglois prétendirent avoir dépensé 6000000 à ces deux sieges, avoir perdu 2000 soldats Européens, 7000 Cipayes & cavaliers Maures, & nombre de braves Officiers, n'accusant que moi de ces pertes auxquelles ils n'eussent point été exposés, si je n'avois point prêté le secours de mon bras à l'usurpateur.

Je parvins cependant à obtenir ma liberté

&me rendis à Pondicheri, pour m'occuper
à ramasser les débris de ma fortune qui avoit
été considérablement endommagée par les
pertes que j'avois faites dans toutes ces circonstances.

Les Anglois qui avoient toujours les yeux
ouverts sur moi, apprirent qu'Hider-Alikan me
demandoit avec instance, & faisoit tous ses
efforts pour obtenir que je me joignisse à lui...
Ils conçurent les plus vives allarmes de ce
projet, & résolurent de tout mettre en œuvre
pour en empêcher l'exécution. Ils profiterent
d'un voyage que je fis à Collar pour mes intérêts, pour me faire de nouveau prisonnier :
j'eus beau protester contre la violence mani-
feste & l'injustice de ce procédé, ils me ré-
pondirent que leur sûreté exigeoit d'eux ce
traitement, qu'ils n'avoient point oublié la
guerre du Maduré, qu'ils sçavoient ce que j'é-
tois en état de faire, & n'avoient point envie
de l'apprendre de nouveau : ils m'envoyerent
sous escorte à Pondichéri, & exigerent de M.
Law & du Conseil de cette ville qu'on me
fît embarquer sur le champ pour la France * :

---

* J'ai entre mes mains les arrêtés du Conseil de Pondichéri qui portent que pour conserver la bonne intelli-

il fallut céder & abandonner l'Inde. Je ne pus
m'empêcher de verser des larmes en quittanr
ce pays, de voir terminer aussi malheureuse-
ment tant de fatigues, de travaux, de soins
& de peines, de laisser au pouvoir de nos
cruels ennemis de vastes possessions, & de
n'avoir pas pu contribuer à rétablir dans
cette riche contrée ma nation pour laquelle
j'avois tant de fois répandu mon sang pendant l'espace de vingt années que j'habitai
cette presqu'Isle.

---

gence avec celle de Madras, il me sera enjoint de quitter l'Inde ainsi qu'il l'avoit exigé.

F I N

APPROBATION.

J'Ai lu par ordre de Monseigneur le Chancelier, le *Précis historique du Siege du Maduré*, dont on peut permettre l'impression. À Paris le 10 Mai 1771.

DUCLOS.

PRIVILEGE DU ROI.

LOUIS, par la gace de Dieu, Roi de France & de Navarre, &c. SALUT: Notre amé le Sieur MARCHAND Nous a fait exposer qu'il désirroit faire imprimer & donner au Public un Manuscrit intitulé: *Précis historique des deux Sieges de la ville de Maduré*: s'il Nous plaibit lui accorder nos Lettres de permission pour ce nécessaires. A CES CAUSES, voulant favorablement traiter l'Exposant, Nous lui avons permis & permettons par ces présentes, de faire imprimer ledit Ouvrage autant de fois que bon lui semblera, & de le vendre, faire vendre & débiter par tout notre Royaume, pendant le tems de trois anuées consécutives, à compter du jour de la date des Présentes. Faisons défenses à tous Imprimeurs, Libraires, &c. d'imprimer ni contrefaire ledit ouvrage, &c. A la charge que les Présentes seront enregistrées tout au long, &c. dans trois mois de la date d'icelles; que l'impression dudit Ouvrage sera fait dans notre Royaume, & non ailleurs, &c. qu'avant de l'exposer en vente, le Manscrit, &c. Le tout à peine de nullité des Présentes : Du contenu desquelles vous mandons & enjoignons de faire jouir ledit Exposant, &c. Voulons que la copie des Présentes, soit tenue pour dûement signifiée, & qu'aux copies collationnées par l'un de nos amés & féaux Conseillers, Secrétaires, Foi soit ajoutée comme à l'original. Commandons au premier notre Huissier, &c. Car tel est notre plaisir. Donné à Versailles, le Mercredi cinq Juin, l'an de grace mil sept cent soixante-onze, & de notre Regne le cinquante-sixieme. Par le Roi en son Conseil.

LEBEGUE.

Registré sur le Registre XVI. de la Chambre Royale & Syndicale des libraires & Imprimeurs de Paris, N° fol. conformément au Réglement de 1723, qui fait défenses Art. IV. à toutes autres personnes de quelque qualité & condition qu'elles soient, autres que les Libraires & Imprimeurs, de vendre, débiter & faire afficher aucuns Livres pour les vendre en leurs noms, soit qu'ils s'en disent les Auteurs ou autrement, & à la charge de fournir à ladite Chambre Royale & Syndicale des Libraires & Imprimeurs de Paris huit Exemplaires prescrits par l'Art. 108 du même Réglement. A Paris, ce 7 Juin 1771

J. HERISSANT *Syndic.*

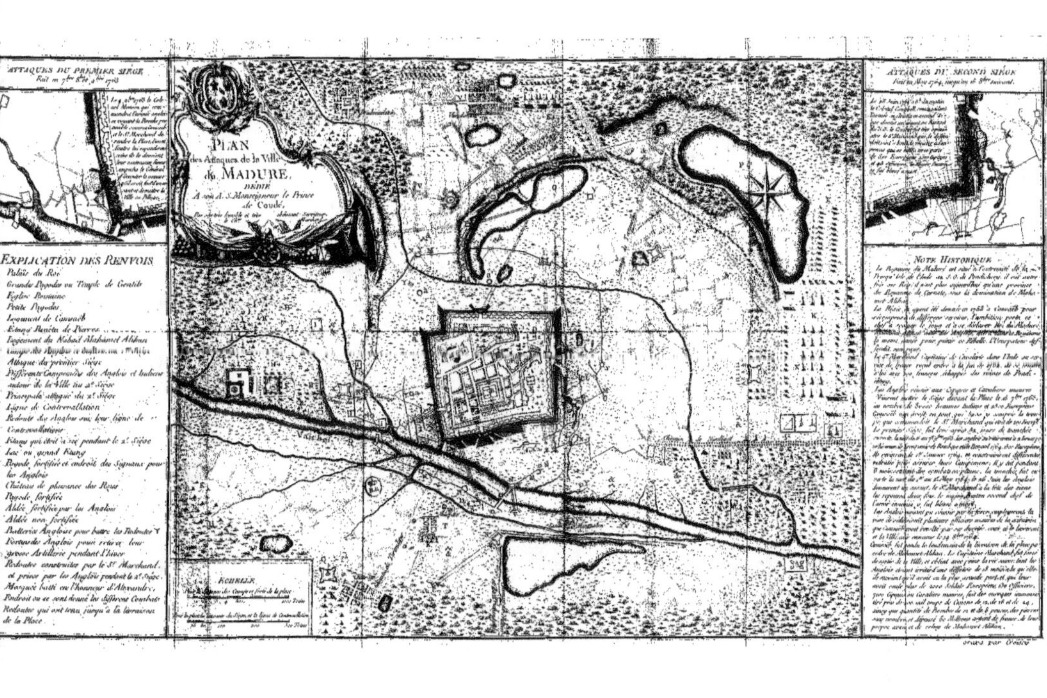

PLAN des Attaques de la Ville de MADURE, DÉDIÉ A son A. S. Monseigneur le Prince de Condé, Par son très humble et très obéissant serviteur

ATTAQUES DU PREMIER SIEGE Fait en 7bre 8bre 9bre 1763

ATTAQUES DU SECOND SIEGE Fait en Mai 1764, jusqu'en 7bre 8bre suivant

EXPLICATION DES RENVOIS
A Palais du Roi
B Grandes Pagodes ou Temple de Gentils
C Église Romaine
D Petite Pagodes
E Logement de Canvaib
F Étang Benéta de Pierres
G Logement du Nabab Mahamet Alikan
H Camps des Anglais et Indiens, ou Mosquée
I Attaque du premier Siège
K Différents Campements des Anglais et Indiens autour de la Ville au 2e Siège
L Principale attaque du 2e Siège
M Ligne de Contrevallation
N Redoute des Anglais sur leur ligne de Contrevallation
O Étang qui était à sec pendant le 2e Siège
P Lac ou grand Étang
Q Pagode fortifiée et endroit des Signaux pour les Anglais
R Château de plaisance des Rois
S Pagode fortifiée
T Aldée fortifiée par les Anglais
V Aldée non fortifiée
X Batterie Anglaise pour battre les Redoutes Y
Y Portes des Anglais pour retirer leur grosse Artillerie pendant l'hiver
Z Redoutes construites par le Sr Marchand et prises par les Anglais pendant le 2e Siège
& Mosquée bâti en l'honneur d'Alexandre
Endroit ou se sont donné les différent Combats
Redoutes qui ont tenu jusqu'à la livraison de la Place

ECHELLE

NOTE HISTORIQUE

gravé par Croisey